HISTOIRE

DE LA

CONSPIRATION DE 1816.

IMPRIMERIE DE P. BAUDOUIN,
Rue des Boucheries Saint-Germain, 38.

Didier:

HISTOIRE

DE LA

CONSPIRATION DE 1816:

DOCUMENS ET EXPLICATIONS,

NOTES ET NOTICES SUR LES HOMMES QUI ONT FIGURÉ DANS CE GRAND DRAME,

suivis

Du Compte-Rendu du procès fait par *M. Simon Didier* au Journal de l'Isère, et de celui intenté par le pouvoir aux journaux reproducteurs de la lettre de M. SIMON DIDIER;

PAR B. SAINT-EDME,

L'un des Auteurs de la *Biographie des Hommes du Jour.*

A chacun ses œuvres.

PARIS,

AUG. LE GALLOIS, ÉDITEUR; —

AU BUREAU PRINCIPAL, RUE DES BOUCHERIES-ST-G., 38,
— PILOUT ET Cie,
Rue de la Monnaie, 22,
1841.

Deuxième Partie.

EXPLICATIONS.

La *Gazette des Tribunaux*, dans son numéro du 25 août, publie la note suivante :

« Nous lisons dans le *Messager* :

« Les gérans de la *Gazette des Tribu-naux* et de la *Quotidienne* ont été cités aujourd'hui, à la requête de M. le procureur du roi, en police correctionnelle, comme ayant rendu compte, contrairement aux dispositions de l'art. 10 de la loi du 9 septembre 1835 , du procès intenté par le sieur Simon Didier contre le gérant du *Courrier de l'Isère*, devant le tribunal civil de Grenoble, AFIN D'OBTENIR DES DOMMAGES-INTÉRÊTS, à raison d'un article que le sieur Simon Didier prétendait diffamatoire pour la mémoire de son père.

« Nous recevons, en effet, ce soir, une citation à comparaître le 22 septembre devant le tribunal de police correctionnelle pour contravention à l'art. 10 de la loi du 9 septembre 1835.

« Nous avons quelque peine à nous expliquer ces poursuites, et nous croyons qu'au milieu des préoccupations que donnent depuis quelques jours au ministère public les saisies et les procès qu'ont inspirés les lois de septembre, il n'a pas suffisamment réfléchi à la caractérisation légale du délit qui nous est reproché.

« Nous connaissons parfaitement les prohibitions de l'art. 10 ; mais ces prohibitions restrictives du droit de publicité qui émane de la Charte, ne peuvent être étendues aux cas qu'elles n'ont pas voulu prévoir. Or, le procès soumis au tribunal de Grenoble était une instance purement civile à fin de dommages-intérêts ; et jusqu'ici le ministère public n'avait jamais songé à faire, en pareille circonstance, application des dispositions pénales de l'art. 10.

« Nous n'aurons pas de peine à démontrer que cette interprétation donnée par l'usage et par le ministère public lui-même est conforme au texte et à l'esprit de la loi ; et nous attendons sans crainte le résultat d'une poursuite dont nous n'avons pas, quant à présent, à rechercher le véritable motif. »

L'article 10 de la loi du 9 septembre 1835, invoqué par le ministère public, est ainsi conçu :

« Il est interdit aux *journaux et écrits périodiques* de rendre compte des procès pour outrages ou injures, et des procès en

diffamation où la preuve des faits diffamatoires n'est pas admise par la loi ; ils pourront seulement annoncer la plainte sur la
demande du plaigannt ; dans tous les cas,
ils pourront insérer le jugement.

« Il est interdit de publier les noms des
jurés, excepté dans le compte-rendu de
l'audience où le jury aura été constitué.

« Il est interdit de rendre compte des
délibérations intérieures, soit des jurés,
soit des cours et tribunaux.

« L'infraction à ces diverses prohibitions
sera poursuivie devant les tribunaux correctionnels, et punie d'un emprisonne-
ment d'un mois à un an, et d'une amende
de 500 fr. à 2,000 fr. »

Ainsi, les procès en diffamation, qui,
plus que tous autres, intéressent et les
parties en cause et la généralité des citoyens, doivent demeurer enfouis dans
l'enceinte de la salle d'audience et du
greffe du tribunal appelé à prononcer :

c'est une des lois extraordinaires de septembre qui l'exige.

Soit dit et fait de la sorte, puisque le législateur l'a voulu.

Quelque dure, quelque mauvaise que puisse être une législation, on lui doit obéissance, sans s'inquiéter si elle est œuvre de réaction et d'arbitraire, de colère et de vengeance : elle existe, voilà tout.

Mais la loi de septembre sur la presse était-elle applicable, en cette circonstance, à la *Gazette des Tribunaux* et à la *Quotidienne ?*

Non : — car il s'agissait d'un procès civil.

Au fond, y avait-il diffamation ?—Oui, et les tribunaux correctionnels auraient dû être uniquement appelés à en connaître : — c'eût été rationnel, si la diffamation eût été soumise à justice.

Le choix du tribunal n'a point, sans doute, modifié le délit : — Mais ici le délit n'était point la question posée aux juges ; ce qu'on leur demandait c'était d'admettre le droit à des dommages-intérêts ; ce qu'on réclamait d'eux c'était de fixer la quotité de cette espèce de réparation à la mémoire d'un père diffamé.

En veut-on une preuve ?

Le jugement rendu le 24 août dit :

« Attendu que l'action par laquelle un
« fils vient demander la réparation des
« outrages faits à la mémoire de son
« père... n'est pas textuellement dans
« nos codes... »

Si l'action n'est pas dans nos codes, où serait le droit de la qualifier action en diffamation ?

En veut-on une autre preuve ?

C'est une chambre civile, ce sont des

juges civils qui ont entendu les avocats des parties intéressées, qui ont jugé, qui ont condamné l'inculpé de diffamation aux dépens, attendu sa déclaration de bonne foi faite à l'audience par l'organe de son défenseur.

Les juges ont bien dit qu'il n'y avait point eu intention de diffamer de la part du *Courrier de l'Isère*, — et nous le croyons puisqu'il y a jugement, — ou, comme on dit, force de chose jugée ; — mais il y avait nécessité absolue pour les juges — pour les juges civils — d'apprécier le fait de diffamation afin d'examiner s'il y avait lieu, — ou non, — à accorder les dommages-intérêts demandés.

Aujourd'hui, il y a lutte entre le gouvernement et la presse, — entre le gouvernement que la presse encore un peu libre gêne et tourmente, et la presse encore un peu libre qui redoute et craint les passions du gouvernement ; — et alors, des deux côtés, on a recours à toutes les subtilités du raisonnement et de la guerre, on s'attaque, on se pince, jusqu'à ce que l'un ait étranglé l'autre :

— Car c'est un fait qu'on ne saurait nier, — qui frappe par son évidence, — la liberté de la presse ne peut aller qu'aux gouvernemens réparateurs, qu'à ceux qui veulent s'instruire des vœux et des besoins du peuple pour y satisfaire : — la liberté de la presse doit succomber si les hommes qui marchent sous ses drapeaux sont faibles, incertains, corrompus ; elle doit, au contraire, vaincre tout gouvernement hostile au progrès dans le pays, si ses soldats sont gens d'intelligence, de courage, d'énergique volonté.

La liberté de la presse est dans l'État un pouvoir qu'il faut reconnaître et régler, sous peine, pour les autres pouvoirs, de prolonger un combat à issue dangereuse.

Dans tous les cas, — au point où nous en sommes en ce moment, — il y a prétentions et forces égales ; — c'est affaire d'habileté et de tems. — Qu'on se le rappelle : ce ne sont point les admirables principes du christianisme qui ont seuls fondé une religion, c'est aussi le martyre ! — Ce n'est point la religion seule qui conduisait aux pieds des pontifes les souverains tremblans, c'était aussi l'exigence des peuples que les souverains désiraient s'attacher.

Prenez donc les armes, et en avant ! — Il n'en arrivera toujours que ce qu'il plaira à Dieu !

Qu'on reçoive mes excuses pour cette digression.

Voici ce qui s'est passé.

En apprenant la citation adressée à la *Gazette des Tribunaux* et à la *Quotidienne*, je me suis demandé si l'art. 10 de la loi du 9 septembre 1835 pouvait être applicable à l'auteur d'un livre, et s'il était possible de l'interpréter contre ce dernier.

Après examen, j'ai répondu négativement à ma proposition, parce que l'interdiction ne s'adresse *qu'aux journaux et écrits périodiques*. — Non, un ouvrage publié par livraison, — qui a une étendue déterminée, — ne saurait être assimilé à un journal, à un écrit périodique, paraissant chaque jour ou à des époques fixes, n'ayant point de terme prévu.

Cependant, n'osant pas me fier à mon intelligence des choses morales, — dans une affaire d'estimation judiciaire, — j'ai eu recours aux connaissances pratiques de plusieurs de mes amis, avocats au barreau de Paris : — ils ont été d'avis unanime que je pouvais publier un compte-rendu du procès soutenu à Grenoble, le 20 août, par M. Simon Didier contre le *Courrier de l'Isère*.

Me soumettant donc entièrement aux

lumières de mes amis, je vais mettre sous presse la livraison à laquelle ces quelques lignes serviront d'introduction.

Je profiterai de l'occasion pour soumettre plusieurs questions à qui de droit.

I.

Six numéros de la *Gazette du Dauphiné* ont été saisis à propos d'articles sur la conspiration de 1816, dans lesquels le rédacteur semblait avoir cherché à établir que J.-P. Didier n'avait été que l'instrument d'un personnage ou nommé ou suffisamment désigné pour être reconnu de tous. Je n'ai pas lu les numéros incriminés, et, à cet égard, je suis forcé d'exprimer le doute.

Près de cent journaux, — des départemens et de Paris, — ont eu, — depuis le 27 mai, — le sort de la *Gazette du Dauphiné*, pour avoir reproduit une lettre que M. Simon Didier avait écrite au *Courrier de l'Isère*, afin de justifier son père d'une accusation calomnieuse produite dans cette dernière feuille. — La lettre de M. Simon Didier renfermait un passage, — motif de la saisie opérée, — qui représentait le personnage déja désigné par la *Gazette du Dauphiné*, comme ayant été le chef direct de l'entreprise de 1816.

De sorte que, pour tous les journaux, le délit est absolument le même, à savoir :

Que la *Gazette du Dauphiné* est coupable d'avoir dit que M. J.-P. Didier n'avait été que l'agent de quelqu'un ;

Que les autres journaux sont coupables d'avoir publié une lettre de M. Simon Didier où ce quelqu'un est représenté comme le fauteur de la conspiration dite de J. P. Didier.

D'où il suit que toutes les cours royales,
— si l'affaire appartient au jury, — ou
tous les tribunaux correctionnels, — s'il y
a simple délit, — peuvent avoir un de ces
procès à juger : — ce qui serait édifiant
pour la France juillettiste!

A moins, — ainsi qu'on l'avait pré-
tendu, — que le gouvernement, — réu-
nissant en une seule cause tous ces délits
connexes, — ne confie le soin d'un jugement unique à un même tribunal, à une
même cour.

Quel tribunal, quelle cour serait-il
possible de charger d'une besogne aussi
lourde, aussi compliquée?

Il n'y a point de cour, point de tribunal disposé pour un procès de cette nature. — Restent la grande salle et les
grands juges de la pairie. — S'adresse-
ra-t-on à cette justice spéciale, réservée,
par l'acte constitutionnel, aux attentats

contre la sûreté de l'État ou contre la personne du roi?

Il n'y a point ici attentat contre la sûreté de l'État ni contre la vie du roi, et en conséquence messieurs les pairs seront dégagés de ce nouvel ennui.

Qui jugera donc?

J'ai pris la difficulté par la queue : j'aurais dû commencer par cette question : — Y aura-t-il jugement?

Dans mon âme et conscience je ne crois au jugement ni de la *Gazette du Dauphiné,* pour ses articles, ni des autres journaux pour la lettre de M. Simon Didier, et voici mes motifs :

1° Juger toute la presse politique, c'est impossible, et impossible par d'assez puissantes raisons : — il ne faut jamais interdire les discussions historiques, et surtout ne point s'y mêler quand on est gouvernement, parce qu'on en sort toujours avec des écornures à la face : la lice, en pareil cas, n'appartient qu'aux particuliers ; — il ne faut jamais exciter à tout dire sans voile et sous le voile ; — il ne faut jamais troubler le calme des esprits, ou les convier au spectacle de certaines ambitions vraies ou supposées.

2º Juger un procès d'histoire sans témoins, sans le témoignage des écrivains, — cela ne se peut :

Il y aurait donc ou des témoins, ou des témoignages, peut-être les uns et les autres.

Or, en première ligne, il convient de placer :

M. le général Donnadieu, —

M. le général Vautré, —

M. Barginet (de Grenoble), ancien secrétaire de J.-P. Didier. —

L'éclat de leurs déclarations, — par rapport à leur position antécédente, — fournirait matière à des réflexions fâcheuses, à des suspicions qu'un intérêt politique bien entendu doit porter à ne point laisser courir parmi le peuple.

Il n'y aura point jugement.

Mais, puisqu'il n'y aura pas jugement, — qu'on me permette de marquer ma surprise de ce que :

M. le général Donnadieu, —

M. le général Vautré, —

M. Barginet (de Grenoble), — aient jugé à propos d'attendre jusqu'à cet instant pour rompre un silence qui justifie tant de conjectures hasardées ; — de ce qu'ils laissent l'opinion publique s'égarer dans la recherche de la vérité, au milieu de voies différentes, incertaines, toutes également mensongères, peut-être.

Et aucun d'eux ne peut nier qu'il ne soit en mesure d'arrêter le cours des irrésolutions, attendu que tous les trois ont annoncé publiquement,

L'un par ses lettres, —

L'autre par une brochure, —

Et le premier par un livre, —
que la connaissance leur était acquise de tous les détails de la conspiration.

Qui peut les empêcher de publier ce qu'ils ont appris?

Se seraient-ils trop avancés, et n'auraient-ils été que des menteurs, que des hommes à forfanterie décevante?

Le vœu du pays, — et, — au défaut de l'unanimité de ce vœu,—l'honneur personnel leur impose la loi de parler, — si, — contre mon attente,—ils étaient appelés devant la justice constituée, et d'écrire si,— le procès échappant à la curiosité, à la sollicitude des citoyens, — il n'y avait pas d'autre moyen pour eux d'éclairer la France entière sur des faits d'une aussi haute portée : — leur réputation d'honnêtes gens est à ce prix !

PROCÈS

DE

M. SIMON DIDIER

Contre le *Courrier de l'Isère.*

QUELQUES MOTS.

Le *Courrier de l'Isère* avait publié, le 20 et le 22 avril 1841, des articles contre J-.P. Didier, et le 17 mai, M. Simon Didier avait écrit à cette feuille la lettre produite par les journaux que le pouvoir a fait saisir.

M. Simon Didier dut attendre.

Le 8 juin, la note suivante parut dans le *Courrier de l'Isère* :

« Nous recevons, au moment de mettre sous presse, notification d'une requête adressée par M. Simon Didier à M. le président du tribunal civil de Grenoble, à fin de citation à bref délai pour nous voir « condamner, *même par corps*, à cent mille francs de dommages-intérêts envers M. Didier, pour réparation de nos articles des 20 et 22 avril, relatifs à la conspiration de Grenoble.

————

« A la suite de cette requête se trouve une assignation à comparaître le samedi 12 de ce mois à l'audience du tribunal civil. »

Dès cet instant le procès se trouva engagé.

Mais le parquet ne se montra pas empressé de faire rendre justice; on le pressa en vain, et ce ne fut qu'un mois après qu'il fut possible d'en obtenir quelque chose.

On lut, le 15 juillet, dans le *Patriote des Alpes :*

« La 1re chambre du tribunal civil de Grenoble était appelée, le 14 juillet, à fixer les causes. L'avoué de M. Simon Didier, et celui du *Courrier de l'Isère*, étaient présens, et, par extraordinaire, M. Bert, procureur du roi, assistait à cette fixation d'affaires, à laquelle il doit être totalement étranger.

« M° Cécillon, avoué de M. Simon Didier, d'accord avec l'avoué du journal, demande la fixation au 20 août; mais M. le procureur du roi prétend que la *Gazette du Dauphiné* ayant deux procès à vider, et que ces procès ayant une grande connexité avec l'affaire du *Courrier de l'Isère*, il importe que la *Gazette* comparaisse avant l'appel de la cause Didier.

« M° Massonet, bâtonnier des avocats, fait observer à M. le procureur du roi qu'il ne peut comprendre son opposition à une fixation consentie par les deux parties; il ajoute même que M. le procureur du roi n'a pas à intervenir dans une cause civile. Après une réplique de M. le procureur du roi, M. le président fixe en première ligne la cause de Simon Didier au 20 du mois d'août. Tout paraissait devoir être terminé, mais, à l'appel des autres causes civiles, il se présente un procès de l'État contre plusieurs particuliers, affaire qui doit durer plusieurs jours, et M. le procureur du roi demande que cette affaire soit fixée en première ligne au 20 août.

« Après plusieurs observations dans l'intérêt de M⁵ Favre, défenseur de Simon Didier, et par lesquelles M⁵ Farconet s'attache à prouver que la fixation au 20 août de l'affaire Didier devient illusoire si l'on donne la priorité à l'affaire du gouvernement, M. le procureur du roi, qui s'était retiré d'un pas triomphant avant l'observation de M⁵ Farconet, rentre dans la salle, et, avec un accent de franchise auquel nous sommes heureux d'applaudir : J'ai besoin, messieurs, dit-il, d'expliquer avec loyauté ma pensée : en demandant la fixation de la cause de l'État au 20 août, j'ai voulu empêcher l'affaire Didier contre le *Courrier de l'Isère* d'être appelée.

« Sur la déclaration de M. le procureur du roi, M. le président, dont la fermeté ne s'est pas démentie, fixe à un autre jour la cause de l'État.

« La cause est donc maintenue pour le 20 août 1841. »

A quelques jours de-là, le *Courrier de l'Isère* ayant de nouveau attaqué la mémoire de J. P. Didier, M. Simon Didier lui écrivit cette seconde lettre, qu'il fit insérer dans le *Patriote des Alpes :*

Paris, 31 juillet 1841.

A M. le rédacteur-gérant du Courrier de l'Isère.

« Monsieur,

« Dernièrement encore vous avez paru

douter que ma protestation et la poursuite contre des attaques à la mémoire de mon père fussent spontanées.

« Les sentimens de fils ne se suggèrent pas.

« La morale oblige de défendre la mémoire des auteurs de nos jours, loi facile à suivre : tout le poids du cœur y entraîne. Les motifs de ma conduite se puisent donc dans la conscience universelle du genre humain ; c'est à cette autorité universelle que je vous renvoie.

« Personne, à côté des articles diffamatoires du *Courrier de l'Isère*, n'a suscité mon indignation et mes démarches, d'autant plus légitimes que mon père a péri sur l'échafaud, et que la garde de la vérité et de l'honneur auprès de l'instrument de mort, m'appartient.

« Tous ceux qui m'auraient averti du danger que courait le nom de mon père, auraient fait acte d'honnêtes gens; j'ajoute, et de bons citoyens.

« En fait, une lettre d'un parent et ami m'a donné le premier avis utile. Cette annonce était accompagnée des articles diffamatoires. Je pris quelques informations pour savoir si aucun démenti n'avait été opposé à des assertions étranges. Ce délai très abrégé a-t-il fait croire que j'hésitais à remplir un devoir?

« Comme une protestation doit servir de préliminaire à une justification, il est de sa nature d'avoir le plus de retentissement possible. Mes mesures furent prises dans cet objet : je remercie la presse d'avoir secondé mes vues, au risque de nombreuses saisies qui se sont, à mon grand regret, effectuées.

« Ces explications m'ont paru de quelque utilité à la décharge de tiers que vous accusez mal à propos.

« Je suis, etc,   SIMON DIDIER. »

Ces quelques mots étaient nécessaires pour faire connaître la mesure de bonne volonté des gens du roi dans cette affaire.

Nous allons maintenant rapporter le compte-rendu de l'audience.

TRIBUNAL CIVIL DE GRENOBLE.

Audience du 20 juillet 1841.

PRÉSIDENCE DE M. PAL.

———

Cette affaire, qui a soulevé tant d'intérêt dans toute la France, et qui est presque contemporaine pour le Dauphiné, où tant de témoins ou d'acteurs de ce grand drame sont encore vivans, avait attiré un grand nombre de curieux. Dès huit heures du matin, les abords de la place Saint-André sont encombrés, et long-temps avant l'ouverture de l'audience, la salle est envahie, les conversations sont animées, et l'intérêt s'accroît de moment en moment.

M. Pal, président, a pour assesseurs MM. Angéli, juge, et Allard, juge-suppléant. Le siége du ministère public est occupé par M. Bert, procureur du roi.

A dix heures, l'audience est ouverte et la cause appelée. L'avoué de M. Simon Didier se lève et pose ses conclusions, qui tendent à ce qu'il plaise au tribunal condamner le rédacteur en chef du *Courrier de l'Isère* à 100,000 fr. de dommages et intérêts envers M. Simon Didier, et ordonner la publication du jugement, au nombre de 500 exemplaires, et à l'insertion dans cinq journaux au choix du plaignant.

Mᵉ Jules Favre, avocat de M. Simon Didier, a la parole :

« Messieurs,

« Je chercherais vainement à dissimuler la vive et profonde émotion que j'éprouve en paraissant devant vous. Je viens, au nom d'un fils, solliciter de votre justice la réparation d'un outrage dirigé contre la mémoire de son père mort sur un échafaud politique dans ces jours de deuil national dont l'humiliation pèse encore sur la France, et cette réparation, je la demande dans la

ville même qui fut le théâtre de sa témé-
raire entreprise, à deux pas du lieu où il
l'expia par le plus douloureux sacrifice,
au sein d'une population qui, aujourd'hui,
après vingt-cinq années, frémit au souve-
nir de l'héroïque résignation des vaincus
et de la sanglante insolence des vain-
queurs.

« Comment dès lors pourrais-je espérer
toucher froidement au récit de ce lugubre
épisode! comment me soustraire à la conta-
gion de ces saintes et brûlantes passions qui
dorment sous la cendre du tombeau que je
vais interroger! Il est nécessaire cependant que j'élève mon âme au-dessus de
tout mouvemement tumultueux, de peur
qu'on ne m'accuse de cacher des haines
politiques sous le voile de la piété filiale :
ne l'a-t-on pas voulu faire déjà? n'a-t-on par
voulu faire de M. Simon Didier, que je re-
présente, l'auxiliaire de je ne sais quel
entrepreneur de procès anti-dynastiques
auquel serait échue la singulière mission
de tenir en haleine le zèle de MM. les
procureurs du Roi?

« M. Simon Didier a repoussé, comme il
le devait cette offensante supposition, et,

certes, il serait bien indigne d'élever la voix devant vous si, obéissant à une impulsion extérieure, il relevait l'échafaud de son père pour complaire aux exigences d'un parti.

« Grâce à Dieu, il n'en est rien : M. Simon Didier a voulu seul, et seul il soutient le procès ; et sur ce point important, personne peut-être plus que moi ne pouvait lui rendre témoignage. Que de fois, en effet, n'ai-je pas vu ses yeux se mouiller de pleurs au récit de la catastrophe qui l'a rendu orphelin ! la pensée fixe, incessante de sa vie, c'est le culte de la mémoire de son père. Ce fut pour s'y consacrer exclusivement que, renonçant à toute carrière active, il s'ensevelit vivant avec sa vieille mère dans un petit hameau près de Lyon, et là tous deux cachés au monde, ils entretenaient religieusement la plaie toujours nouvelle qu'une incurable douleur avait faite à leur âme. Ils auraient pu comme d'autres chercher une consolation à une aussi grande infortune dans l'intérêt universel qu'elle excitait et dans les faveurs que plus tard elle provoqua : ils s'y refusèrent, tenant leur pensée élevée au-dessus de ces compensations misérables, et ne voulant pas mêler la compassion du monde à la sainte pudeur de leurs âmes.

« Lorsque la digne veuve de Didier eut fermé les yeux entre les bras de son fils, celui-ci quitta la retraite où il avait accompli jusqu'au bout les pieux devoirs que lui avait imposés son père au moment de paraître devant Dieu. Il vint à Paris dans un faubourg solitaire y continuer la même existence de méditation, de recueillement et de peine. C'est là où je l'ai connu, où j'ai pu apprécier son noble désintéressement, sa fierté antique, et les rares qualités de son cœur ; c'est assez vous faire entendre qu'un homme ainsi trempé n'a été l'agent d'aucune suggestion étrangère, qu'il a cédé au mouvement spontané de son âme quand il est venu me dire :

« Jusqu'ici, j'ai supporté sans me plaindre les outrages dirigés contre la mémoire de mon père ; ils partaient du camp du vainqueur : c'était la loi de la défaite : la victime n'attend ni justice ni pitié du glaive qui l'a frappée. Mais aujourd'hui que ceux-là que mon père a cru servir et pour lesquels il est mort insultent à sa tombe, mon silence serait une lâche adhésion à leurs calomnies. Le jour de la justification est venu , et devant les tribunaux de mon pays je forcerai l'histoire qu'on égare à retourner en arrière pour y recueillir d'utiles et sanglantes vérités. »

« C'est ainsi , Messieurs , que le procès a commencé. M. Simon Didier aurait voulu le soutenir en personne ; il le devait ; mais hélas ! qui peut sonder les mystères de notre humaine infirmité ! Cet homme si énergique dans son renoncement, a senti ses esprits se troubler à la pensée de fouler aux pieds le sol arrosé du sang de son père ; il a senti que son courage pourrait lui défaillir à ces solennelles épreuves, et remettant entre mes mains le triste et saint dépôt de sa douleur : « Allez , m'a-t-il dit , suppléez ma faiblesse ; vengez mon père, et soyez sûr que la justice écoutera votre voix, car cette voix sera la mienne, un grand et noble sentiment l'animera. » Et je suis venu, Messieurs, moins confiant en moi-même que dans la mission que je remplis et dans les bienveillantes sympathies que je trouve près de vous, au milieu de ce barreau où Didier aurait rencontré beaucoup d'interprètes plus habiles parmi tant d'hommes éminens par le caractère et le

talent, et que représentent si bien l'indé-
pendance et le savoir de celui que nous
sommes orgueilleux de saluer comme le
chef de cet ordre. Qu'il me permette de le
lui dire publiquement : c'est dans son pa-
tronage que j'ai puisé la force de supporter
le fardeau de cette défense, qu'il me serve
encore de sauvegarde près de vous, qu'il
m'inspire cette heureuse alliance de mo-
dération et de hardiesse sans laquelle l'ac-
complissement de cette difficile tâche serait impossible.

« *Difficile*, oui, Messieurs, précisément
parce que l'histoire contemporaine ne s'é-
crit pas avec la même liberté d'esprit qu'y
apporteront nos descendans. Lorsque les
générations auront disparu, et avec elles
les passions qui les agitent, la vérité, qui
souvent nous échappe au milieu des entra-
ves et des fictions, se produira d'elle-
même, et les ombres les plus illustres ne
quitteront pas leur sépulcre pour réclamer
le privilége d'une inviolabilité éteinte.

« Mais aujourd'hui, nous ne pouvons
faire abstraction de nous-mêmes ; nous
traînons après nous le poids des nécessités
sociales qui nous régissent : le libre exa-

men a ses limites, et si la pensée publique les franchit, on doit les respecter dans le langage officiel, sous peine de jeter le trouble dans les institutions. Je tâcherai de ne point oublier ce principe, de ne point perdre de vue que je suis devant un Tribunal, et que les questions qui m'occupent sont avant tout judiciaires.

« Ces questions sont en elles-mêmes fort simples.

« Simon Didier se plaint des calomnies qui atteindraient la mémoire de son père ; j'ai à prouver, en droit, qu'il le peut ; en fait, qu'il est fondé. »

Ici l'avocat examine la question de savoir si la mémoire des morts est protégée par les lois sur la diffamation ; et tout en convenant que la législation spéciale est muette, il s'efforce de prouver, par des considérations morales, la nécessité d'admettre un fils à venger l'honneur de son père outragé ; il appuie cette opinion sur le dernier état de la jurisprudence, résultant de l'arrêt de la Cour royale de Paris, affaire Périer.

Passant ensuite aux questions du fond, il soutient que pour apprécier l'injure faite par le *Courrier de l'Isère*, il ne faut pas s'attacher au sens historique des expressions qu'il a employées, mais les juger d'après leur valeur actuelle. Or, en accusant Paul Didier de vouloir établir une Jacquerie, en lui reprochant d'avoir agi sans plan fixe, sans idée politique, pour refaire sa fortune et satisfaire son ambition, le *Courrier* a insulté, autant qu'il était en lui, à la mémoire du conspirateur de 1816 ; d'un martyr politique il a fait un supplicié vulgaire trouvant sur l'échafaud la juste peine qu'il avait méritée.

Après ces développemens, l'avocat se demande s'il est possible, en consultant les documens historiques de l'époque, de se faire illusion au point de croire que Paul Didier fût mu par des idées de pillage, et il ajoute :

« Si toute cette province, au milieu de laquelle Paul Didier a vécu, au milieu de laquelle il est mort, était assemblée autour de moi, et que je pusse l'interroger toute entière, elle me répondrait : « Ceux qui accusent Didier d'avoir rêvé le pillage le calomnient. » Si j'allais plus loin, si je lui demandais si Paul Didier avait puisé ses

inspirations politiques en dehors de lui-
même, elle me répondrait toute entière
qu'il était l'agent d'un parti dont le nom
et le chef ne sont un mystère pour personne.

« Mais ce n'est pas à cette notoriété po-
pulaire que nous devons nous attacher ;
je dois, par des preuves positives et certaines, justifier la mémoire de Didier en
établissant ce qu'il fut, ce qu'il voulut,
pour quels principes et pour quels hommes il est mort. Ici, Messieurs, je sais que je
vais toucher à des questions brûlantes ; mais
je sais aussi que ma parole est celle d'un
homme libre devant des magistrats éclai-
rés et indépendans. Ne sommes-nous pas
tous animés d'un saint respect pour les
lois, d'un ardent amour pour notre pays,
d'un désir sincère de découvrir la vérité ?
Et si cette vérité contrariait quelques-uns
des hommes du pouvoir, qui de nous con-
sentirait à se dégrader au point de l'enfer-
mer lâchement en lui-même ? Je parlerai
donc sans crainte, comme vous m'écoute-
rez sans passion ; et si l'histoire contemporaine que je vais rappeler contient un acte
d'accusation, que ceux-là dont la con-

science est souillée se voilent la face, et qu'ils rendent grâce à Dieu de les avoir jusqu'ici épargnés dans sa colère.

« Paul Didier, messieurs, était-il donc un Hartwell, ou un Mazaniello, échappé de son atelier ou de son bateau de pêcheur, et jeté à la tête de la multitude par un de ces caprices de la fortune, en tout semblable à la tempête qui élève la vague vers le ciel pour la briser aussitôt sur les rochers du rivage? Non, lorsque Didier est mort, sa carrière était complète, et toute entière elle dépose contre la supposition d'un tel caractère. Né dans la classe bourgeoise, il se prépara par de fortes études à la profession d'avocat, où il conquit bientôt de grands et légitimes succès. Ils ne lui suffirent cependant pas. Doué d'une âme ardente, d'un esprit inquiet, mobile, amateur de nouveauté, il supportait impatiemment le poids de ses désirs. Aussi accueillit-il avec enthousiasme la révolution de 1789, si belle à son aurore, et dont cette province a le glorieux privilége d'avoir été le berceau dans la célèbre assemblée de Vizille, de concert avec Mounier et Barnave, dont il était l'ami. Il prépara la rédaction des cahiers des états-généraux ; puis, lorsque la révolution se fut engagée dans la voie d'excès où la poussait la fatalité, Didier, non par timidité d'esprit, mais par un sentiment d'opposition qui était inné dans son âme, refusa d'accepter sa tyrannique dictature et quitta la France, après avoir sollicité le dangereux honneur de défendre Louis XVI.

« Rentré au consultat, il fut choisi par Bonaparte, qui se connaissait en hommes, comme directeur de l'École de Droit de Grenoble, et là, pendant trois années, dans la pratique de ses modestes et difficiles fonctions, il fut le modèle du professeur et du citoyen.

« Je voudrais pouvoir vous peindre comme je les sens les années si courtes et si fécondes pendant lesquelles Didier, du haut de sa chaire, échauffait ses enseignemens par les lumières de la plus pure morale. Pourquoi cette gloire ne satisfit-elle pas son ambition ! C'est qu'il y avait dans sa nature un besoin dévorant d'activité qui devait le pousser fatalement jusqu'au repos de la tombe. Faut-il croire ce que dit un auteur bien placé pour savoir la vérité, et qui du reste n'a pas été démenti, que vers cette époque Didier ouvrit l'oreille aux propositions d'un émissaire venu des îles de Sardaigne? Peu importe. Ce qu'il y a de certain, c'est que Didier conspirait, non pour le rétablissement d'une jacquerie, le nom de ses complices, Laîné, Maine de Biron, Royer-Collard, Châteaubriant, le garantit assez de tout soupçon à cet égard; il rêvait le retour des Bourbons comme le rétablissement des libertés publiques.

« Les Bourbons revenus, il fut encore jeté dans l'opposition.

« Il est aujourd'hui avéré que dès les premiers mois du règne de Louis XVIII un comité insurrectionnel se forma à Paris, centre de tous les mécontentemens ; il ne pouvait songer à se servir de l'épée du héros que, par une déloyauté qui lui est familière, l'Angleterre avait perdu dans l'immensité de l'Océan; il fallait au mouvement projeté un chef prêt au premier signal. Je n'ai pas besoin de dire son nom. Or, à cette époque, un homme était placé à la tête de la police, et s'y faisait remarquer par les qualités précisément contraires à celles de Paul Didier. Né aussi dans la classe bourgeoise, il avait de bonne heure sucé le lait des cours, et ce lait lui avait profité. Élevé dans le palais de Madame mère, il avait deviné la chute prochaine du maître, et mettant en pratique les leçons de Talleyrand et de Fouché, dont il s'inspirait déjà, il s'apprêtait à le trahir à propos. Des antichambres de madame Lœtitia, il passa sans secousses dans celle du nouveau roi, et bientôt il y conquit une puissance que nul ne songea à braver. Cette puissance est aujourd'hui jugée. L'histoire dira par quelles mesures arbitraires il abusa d'une autorité jusque-là sans exemple, et ne descendit du faîte du pouvoir que lorsque, suivant l'expression d'un illustre écrivain, ses pieds lui glissèrent dans le sang du duc de Berri.

« Cet homme habile dans l'art de tromper, consommé dans toutes les ruses du machiavélisme politique, connut les plans du comité dont j'ai parlé; il sut jour par jour les résolutions des conspirateurs, et ne fit rien pour s'y opposer. Se proposait-il, en cas de succès de leur part, une place dans le camp du vainqueur, ou bien voulait-il seulement fomenter la révolte pour l'écraser à son aise? je vous laisse à l'apprécier. Ce qu'il m'importe de constater, c'est que tout fut connu de lui, et qu'au jour où le complot éclata, il mit autant de précipitation à le réprimer qu'il avait mis de discrétion à le préparer.

« Je ne veux pas reproduire devant vous les déplorables scènes qui suivirent l'échec du malheureux Didier, vous peindre ces tristes parodies de la justice, dans lesquelles les défenseurs étaient insultés par les juges; je ne veux pas vous faire assister à ces égorgemens barbares, dans lesquels on comprenait ceux-là même que le vainqueur se refusait à condamner; mais je dois vous rappeler cependant que lorsque les entrailles du général Donnadieu s'étaient émues à la vue de tant de sang versé, lorsqu'il sollicitait la grâce de malheureux paysans, on lui répondait par le télégraphe de les faire exécuter; car, avant tout, on voulait en finir avec la conspiration, et placer la province sous une loi de terreur. Ce double rapprochement, messieurs, vous en dit assez; et de cet homme, dont je n'ai parlé qu'à regret, je ne veux plus dire qu'un mot : on sait quelles ont été ses constantes liaisons, sa fortune et son crédit politique depuis 1830. »

De ces faits le défenseur de Simon Didier conclut que le complot de Grenoble n'était que le résultat d'une vaste conspiration dont le centre et les chefs se trouvaient à Paris. Il appuie cette démonstration sur la position de fortune dans laquelle était Didier, et qui ne lui permettait pas de faire les dépenses considérables que nécessitèrent les préparatifs insurrectionnels ; il le montre recevant constamment ses instructions de Paris, allant les y chercher lui-même, obéissant enfin à une impulsion qui ne venait pas de lui. Il cite à l'appui de cette opinion des fragmens de Mémoires du général Donnadieu, et dans lesquels celui-ci raconte qu'au moment de mourir Didier lui confia qu'il était l'instrument d'une volonté puissante. Il cite enfin les Mémoires de Peuchet, qui raconte longuement, et les pièces de la police en main, comment Didier exécuta les ordres du comité qui siégait à Paris.

L'avocat termine ainsi :

» Comment, en présence de tant de témoignages qui n'ont pas été démentis, serait-il encore possible de faire de Didier un artisan de désordres populaires, agissant en dehors de toute pensée politique ?

N'est-il pas certain, au contraire, qu'il fut l'un des précurseurs de l'ordre nouveau, et qu'il se rattachait précisément aux espérances que nous avons vues se réaliser? Comment en douter lorsque ses complices ont été recompensés, lorsque les conspirateurs de la restauration sont aujourd'hui assis dans les conseils du prince, comblés de dignités et d'honneurs? Et l'opinion publique ne s'éclaire-t-elle pas par de tels enseignemens? Et pourquoi nous serait-il interdit d'en tirer la conclusion logique qu'ils contiennent? Quoi! messieurs, cette pensée serait anarchique et séditieuse! Mais qui sommes-nous? Sous quel régime sommes-nous placés? La royauté du droit divin ne s'est-elle pas à jamais perdue dans les orages du pouvoir constituant dont elle a voulu follement se couronner? La royauté nouvelle n'est-elle pas la fille légitime de toutes les conjurations successives qui ont commencé en 1815 pour finir en 1830? N'est-elle pas la pupille de la multitude qui a posé sur son diadême le sceau redoutable de sa souveraineté? Ne s'est-elle pas glorifiée elle-même d'être la royauté des barricades? Et nous serions coupables pour lui rappeler son berceau!

» Je le sais, les pouvoirs sont disposés à renier leur origine, et à payer d'ingratitude les principes et les hommes sacrifiés à leur élévation. C'est ainsi qu'ils se perdent; mais qu'importe? que signifient, dans le vaste mouvement de l'humanité ces protestations stériles démenties par les faits? L'histoire ne les enregistre que pour rendre plus éclatantes les leçons qu'elle en tire. C'est à elle, messieurs, qu'il appartient de résumer ce grand procès, de faire jaillir la lumière sur les points encore obscurs, d'assigner à chacun sa part de vertu, de gloire, de malheur et de responsabilité. A d'autres cette grande œuvre. Pour moi, je crois avoir accompli la mienne à la mesure de mes forces, si l'annaliste, en fouillant les matériaux de cette mémorable époque, rencontre un fils penché sur la tombe d'un supplicié, son père, y inscrivant votre sentence réparatrice, et sauvant ainsi sa mémoire de l'infamie dont l'esprit de parti avait essayé de la couvrir. »

Toute cette plaidoirie a été écoutée avec la plus grande attention; le portrait que l'auteur a tracé de l'administration de la police a surtout provoqué dans l'assemblée un frémissement qui indiquait que l'avocat avait frappé juste, et, sans le respect dû à la justice, plusieurs fois il eût été interrompu par de justes et sincères applaudissemens. Un petit incident a signalé la plaidoirie de M. Jules Favre. Après son exorde, le défenseur de Simon Didier s'apprêtait à lire la lettre adressée à la *Gazette du Dauphiné* par le fils de la victime de la conspiration de 1816, lettre qui a motivé la saisie d'un grand nombre de journaux de Paris et de la province ; mais il fut arrêté par le procureur du roi, qui a déclaré que cette lettre ayant été incriminée, il s'opposait à cette lecture.

« Cette lecture est essentielle à ma cause, dit Me Favre. Je reconnais que M. le procureur du roi est dans son droit en en interdisant la lecture, mais seulement dans les passages qui ont provoqué l'incrimination du parquet. Or, depuis trois mois que cette lettre est saisie, il nous a été impossible, quelques moyens que nous ayons employés, de connaître ces passages qui ont excité la susceptibilité du parquet. Que M. le procureur du roi veuille donc me les indiquer, et je m'abstiendrai de les lire. »

Si c'est une question de bonne foi, a dit alors M. le procureur du roi, je ne vois aucun inconvénient à indiquer ces passages; et, en effet, il a indiqué la deuxième partie de la lettre de M. Simon Didier! partie toute relative à Louis-Philippe.

Mᵉ Jules Favre a lu alors la lettre, en ayant soin d'omettre ce passage.

Mᵉ Toulier, professeur à la Faculté de droit de Grenoble, avocat du rédacteur du *Courrier de l'Isère*, s'est levé pour répondre à Mᵉ Jules Favre. Sa voix est faible, timide, embarrassée ; à peine si on l'entendait dans la petite enceinte où se plaidait l'affaire. Il commença par dire que depuis quatre années il avait quitté la robe de l'avocat, et qu'en rentrant au barreau, après une si longue absence, dans une cause d'une si grande importance, et qui éveille une si grande curiosité, il ne pouvait se défendre d'une grande émotion ; mais, ajouta-t-il : « Qu'est-il besoin de talent dans une semblable affaire ? la vérité parle plus haut que le talent et l'éloquence.»

Cet aveu était bien nécessaire, car ce

discours, balbutié avec peine, psalmodiant de temps à autres quelques phrases d'une rhétorique ampoulée, quelques apostrophes grimaçant la véhémence , quelques ridicules prosopopées , a été constamment d'une froideur et d'une nullité complète.

Nous ne chercherons pas à rassembler quelques lambeaux de cette pâle argumentation, ce serait fatiguer inutilement l'attention de nos 'lecteurs ; nous dirons seulement que l'avocat a développé dans son plaidoyer trois raisons principales.

Il n'y a dans la législation aucun article de loi qui défende la mémoire d'un mort : La loi ne doit rien aux morts, les morts ne sont pas inviolables. Empêcher un journal de commenter la vie publique d'un mort comme il l'entend, c'est attenter à la liberté de la presse. La justice humaine , dans un procès comme celui qui est intenté au *Courrier de l'Isère* par M. Simon Didier, est incompétente, elle ne peut rien, car alors la justice humaine se poserait rivale de la justice de Dieu. La famille est impropre à se porter partie civile pour demander à la justice de protéger contre l'outrage la mémoire de son parent ; car à cette heure, il n'y a pas de famille ; le fils n'est pas solidaire des vertus ou des crimes de son père. Chacun aujourd'hui est le fils de ses œuvres. Qu'un homme ait du mérite, a dit l'avocat, qu'il ait des vertus, et bien qu'il ait eu pour père un voleur ou un assassin, je ne lui demanderai pas compte de sa naissance, et je lui tendrai la main.

Il est juste de dire que la morale de l'avocat du *Courrier de l'Isère* ne soulève dans l'assemblée qu'un sentiment de dégoût que la sainteté du lieu a eu peine à empêcher de se traduire hautement.

Le *Courrier de l'Isère*, a continué l'avocat, n'a pas outragé la mémoire de Paul Didier, en disant que la conspiration de 1816 voulait établir une fédération à main armée, une espèce de Jacquerie. Il s'est livré à une interminable foule de citations tirées de Bodin, de Michelet, de Châteaubriand, pour établir ce qu'avait été la Jacquerie, et pour prouver qu'il n'y avait pas outrage dans ce rapprochement. Il se livre en effet lui-même à un parallèle entre les deux époques, et met en face l'un de l'autre les points de contact qu'il croit apercevoir entre elles.

Il termine enfin par soutenir que, lors même que dans ce mot de *Jacquerie*, par lequel le *Courrier de l'Isère* a caractérisé la tentative de 1816, il y aurait outrage, le *Courrier de l'Isère* n'a pas outre-passé les droits de la liberté de la presse. Que deviendrait l'écrivain, dit-il, si, par crainte d'un procès, il était obligé de réfléchir sur les termes qu'il emploie, s'il était sans cesse forcé de torturer le sens de ses idées, de couper dans ses phrases et de trancher dans ses expressions! Ensuite chacun n'examine pas les mêmes faits de la même manière; chaque jour on se trouve en face des appréciations les plus contradictoires; ainsi, les uns appellent les émigrés des poltrons qui ont abandonné leur pays, les autres des sujets fidèles qui ont suivi leur roi; à l'Académie dernièrement, un orateur a loué la Convention, un autre l'a blamée.

Enfin sur un fait plus récent, sur la révolution de juillet , deux opinions bien tranchées ne se présentent-elles pas ; et le fait de 1830 n'est-il pas glorifié par les uns et honni par les autres ?

En faisant remonter la tentative de 1816 à une responsabilité plus haute que celle de Didier, ne voyez-vous pas, dit-il, que vous condamnez celui que vous nous accusez d'outrager ? Complice ou chef de complot, sa position en est-elle plus brillante, plus honorable ? la condamnation de l'un n'est-elle pas la condamnation de l'autre, et cette condamnation , c'est vous-même qui la formulez, c'est vous même qui nous la fournissez. Enfin, dit-il encore en s'adressant à l'avocat de Simon Didier, vous-même, que n'avez-vous pas dit tout à l'heure de l'ancien ministre de la police ? d'un homme qui vit encore? Nous pourrions dire aussi, nous, que vous l'avez outragé ; mais non ; vous étiez dans votre droit, ce que vous avez dit, vous étiez libre de le dire, vous n'avez pas outrepassé les limites posées à la liberté de la presse, comme nous ne les avons pas outrepassées nous - même dans l'affaire Didier.

Il est deux heures, l'audience est renvoyée au lendemain pour les répliques. On pensait que l'arrêt serait renvoyé à huitaine.

DEUXIÈME AUDIENCE.

(21 août 1841.)

La saisie des journaux qui ont rendu compte de la première audience les ayant empêché de rapporter les répliques des avocats, on ne peut donner que le jugement qui a été prononcé en ces termes :

« Attendu que l'action par laquelle un fils vient demander la *réparation* des outrages faits à la mémoire de son père, et venger son honneur offensé, est une action fondée sur la morale publique, qui, si *elle n'est pas textuellement écrite dans nos codes*, résulte cependant clairement de l'ensemble de notre législation ;

« Attendu que si la vie politique et publique des citoyens appartient à l'histoire ; que si la presse a le droit de dire leurs actions, de juger leurs opinions, leurs intentions, elle doit le faire avec exactitude dans l'exposé des faits, avec bonne foi et impartialité dans les appréciations ;

. Attendu que le rédacteur du *Courrier de l'Isère*, dans le numéro 3376 de ce journal, du 20 avril dernier, en imputant à Paul Didier le projet d'établir en France une nouvelle Jacquerie, sans apporter aucun fait pour justifier cette accusation, a dépassé les justes limites dans lesquelles doit être restreint le droit de la presse ;

« Mais attendu que le rédacteur du *Courrier de l'Isère* a, par l'organe de son défenseur, expliqué sa pensée, justifié sa bonne foi et détruit ainsi dans l'article incriminé le caractère de diffamation qu'il pouvait avoir dans le principe ; que cette juste réparation doit suffire aujourd'hui au fils de Paul Didier ;

« Par ces motifs,

« Le tribunal, ayant tel égard que de

raison aux conclusions des parties , met le rédacteur du *Courrier de l'Isère* hors d'instance sur les demandes de Simon Didier, le condamnant seulement aux dépens. »

M. Simon Didier n'avait obtenu qu'une demi-satisfaction; et il s'en serait contenté peut-être, car il avait eu affaire à un journal du pouvoir.

Mais le *Courrier de l'Isère* , mécontent d'une condamnation pourtant fort bénigne , a fait assigner M. Simon Didier, par exploit du 31 août, à comparoir à huitaine pour entendre redresser, en appel, le jugement rendu le 21.

Nous avons vu, depuis, M. Simon Didier, et il nous a semblé que le *Courrier de l'Isère*, par son appel, avait singulièrement favorisé ses vœux.

Voilà donc une nouvelle voie ouverte à la vérité : qu'en résultera-t-il ?

Tout ce que nous pouvons dire , c'est que les ministres ou les agens du ministère nous paraissent bien maladroits.

Nous avons pensé qu'on serait bien aise de lire la lettre que M. Jules Favre a écrite à M. Simon Didier le jour même de cette dernière audience, d'autant mieux qu'elle présente un tableau parfait et plein de physionomie du tribunal lors des discussions.

« Je ne veux pas, mon cher monsieur, que le courrier parte sans que je vous annonce notre succès complet, auquel il n'a manqué que votre présence. Je n'ai pas besoin de vous dire par quelles sympathies j'ai été accueilli ; je venais comme votre représentant, comme le vengeur de votre père ; elles ont été telles que le ministère public a positivement annoncé qu'il s'opposait à ce que les débats s'engageassent. Cependant il n'a pas osé, tant le barreau, la population et la magistrature s'étaient franchement prononcés en notre faveur. Nous avons donc plaidé, et je vous assure sans réticence. Vous verrez quelques fragmens de l'audience dans les journaux ; mais vous n'y trouverez pas les parties dans lesquelles j'ai réhabilité la mémoire de votre malheureux père sous le rapport religieux. On s'est surtout attaché à ce qu'il y avait de politique dans la discussion. Ma plaidoirie et celle de mon adversaire ont rempli l'audience d'hier ; aujourd'hui nous avons l'un et l'autre répliqué. Le défenseur du *Courrier de l'Isère* a complètement abandonné sa cause en ce qui touche les attaques dirigées contre M. Didier ; il a soutenu qu'il avait entendu faire son éloge ! Vous jugerez ce désaveu par le jugement même qui en prend acte pour mettre le *Courrier de l'Isère* hors de cause, tout en le condamnant aux dépens. En somme, l'effet a été tout ce que nous pouvions désirer, et je m'associe de grand cœur à la joie que vous en ressentirez. Vous avez noblement rempli un saint devoir, et vous avez, ce qui est rare aujourd'hui, rencontré appui auprès de la justice. J'en remercie Dieu, qui tôt ou tard fait luire la vérité et réhabilite ceux dont la mémoire a été injustement sacrifiée.

« Du reste, j'ai plaidé avec ménagement, mais sans détour, que .... était l'âme de la conspiration. Je n'ai point été interrompu. Seulement, les débats terminés, le procureur du roi, qui assistait en personne à l'audience, s'est levé pour balbutier quelques phrases embarrassées dans lesquelles il a annoncé que les outrages qu'on avait prodigués contre la personne du monarque trouveraient bientôt leur réparation. Il était impossible, vous l'avouerez, d'être plus maladroit. Si j'ai outragé .... pourquoi ne pas m'avoir arrêté? Si on a quelque chose à dire pour sa défense, pourquoi ne pas le faire connaître immédiatement? Je vois qu'on n'a rien de bon à dire, et qu'on arrêtera le procès fait à la *Gazette*. Quoi qu'il en soit, pour notre premier coup, nous marquons le point ; et rien n'est doux comme le succès, quand il s'appuie sur une généreuse pensée.

« Je serai heureux, mon cher monsieur, de recevoir de vos nouvelles, poste restante, à Lyon, où je serai vers la fin de la semaine prochaine.

« Agréez, je vous prie, l'assurance de ma considération distinguée et de mon sincère dévoûment ,

« JULES FAVRE.

« Grenoble, ce 21 août 1841.
« M. SIMON DIDIER, 3, *rue Saint-Victor.* »

Nous venons d'annoncer que le *Courrier de l'Isère* s'était décidé à faire appel : — Nous recevons à l'instant la *Gazette du Dauphiné*, du 30 août, qui contient cet article :

« Après les documens si clairs et si précis que nous avons publiés sur l'affaire Didier, documens qui ont jeté tant de lumière sur ce triste épisode des premiers jours de la restauration, sans avoir *jamais* été démentis par le *Courrier de l'Isère* ; après la déclaration que nous avons faite de clore désormais sur ce sujet toute polémique avec ce journal, on concevra facilement la raison qui nous force à ne pas relever aujourd'hui les lignes suivantes contenues dans le *Courrier de l'Isère* de samedi dernier

« Quant aux commentaires des écrivains
« qui affirment, sur la foi du jugement du
« 21 août, qu'il est prouvé que Didier n'a
« point voulu faire une Jacquerie, mais
« *autre chose* qu'une Jacquerie, nous n'a-
« vons qu'un mot à répondre ; c'est que
« nous défions, aujourd'hui comme il y a
« quatre mois, toute la presse radicale et
« légitimiste de produire un fait, de citer
« un mot, d'imprimer une ligne qui soit
« contraire à notre opinion sur l'affaire

« Didier. Nous ajouterons qu'en matière si
« grave c'est une lâcheté de procéder par
« des insinuations, par des réticences am-
« bigues. Quand nous avons pris la plume
« pour flétrir d'odieuses calomnies, nous
« n'avions laissé debout ni une accusation,
« ni une hypothèse. Pourquoi la presse
« hostile n'en fait-elle pas autant ?

« Pourquoi ? parce que nous sommes
« dans la vérité et qu'elle est dans le men-
« songe ; parce que nous avons pour nous
« les faits, la tradition, l'histoire, tandis
« qu'elle n'invoque que de faux témoi-
« gnages, que d'absurdes préjugés, que de
« criminelles passions. »

« Si nous sommes dans le mensonge,
pourquoi donc avoir laissé passer sans la
combattre, comme vous l'avez fait, notre
enquête sur Didier, qui, dans toute la presse
n'a trouvé qu'un écho et pas une réfutation?

« Si vous êtes dans la vérité, que signifie
donc le jugement du tribunal de Grenoble ? »

Ou les écrivains du *Courrier de l'Isère*
refusent de s'éclairer, ou ils sont bien in-
habiles à cacher l'intérêt q   les guide.